FARBE REIN,
STRESS RAUS

INSPIRATION

Reise durch die Jahreszeiten

100 STIMMUNGSVOLLE MOTIVE KOLORIEREN

EMF

EIN BUCH DER
EDITION MICHAEL FISCHER

Mit Ausmalbildern zu jeder Zeit erholt

Schmetterlinge beobachten, das erste Eis genießen, bunte Blätter sammeln oder die Hände an einer Tasse Tee wärmen – jede Jahreszeit hat ihren ganz besonderen Charme. Fangen Sie diesen ein und verleihen Sie den Motiven dieses Buchs Ihre ganz individuelle Note. Ob einfarbig oder in den unterschiedlichsten Farbkombinationen, jede Illustration lässt sich ganz nach Ihrem Geschmack gestalten.

Das Ausmalen hilft Ihnen dabei, für einige Minuten tief durchzuatmen und ruhiger zu werden. Gönnen Sie sich diese Pause, in der es nur um Ihre Farbwahl und Kreativität geht. Vertiefen Sie sich in die detailreichen Motive, ergänzen Sie diese durch eigene Muster oder experimentieren Sie mit den unterschiedlichsten Farben. Schrittweise wird Ihr Kopf frei und es entsteht Raum für neue Ideen.

Dieses Buch enthält über 100 Zeichnungen für jede Jahreszeit. Wählen Sie intuitiv eine Illustration aus und legen Sie los. Egal, ob mit Filz- oder Buntstift: Lassen Sie sich von der Farbpalette anregen und bringen Sie Leben in die leeren Flächen. Mit der Zeit werden Sie entspannen und denken nur noch an die Bewegung Ihrer Hand und die Farben, mit denen Sie die Konturen ausmalen.

Wenn Sie mit dem Kolorieren des Motivs fertig sind, ziehen Sie sich für einige Minuten zurück. Betrachten Sie das farbige Bild, lassen Sie Ihren Gedanken freien Lauf und spüren Sie Ihre neu gewonnene Ruhe.

Bereits 5 bis 10 Minuten Ausmalen pro Tag genügen, um zu mehr Entspannung zu finden.

Auf kleinste Details achten und dabei
alle Hektik hinter sich lassen.

Wählen Sie die unterschiedlichsten Frühlingsfarben für eine bunt gestaltete Doppelseite.

Durch zusätzliche Blüten lassen sich die beiden
Seiten wunderbar verbinden. Seien Sie kreativ.

Experimentieren Sie hier zum Beispiel mit unterschiedlichen Materialien.
Dünne Filzstifte für kräftige Konturen und Buntstifte für die Innenflächen.

Durch ähnliche Farbtöne lässt sich diese Doppelseite zu einem zusammengehörenden Bild gestalten.

Je bunter der Einzelne, desto glanzvoller strahlt das Ganze.

Nur der mit Leichtigkeit, mit Freude und Lust die
Welt sich zu erhalten weiß, der hält sie fest.
– Bettina von Arnim

love
love

Auch mit einer begrenzten Auswahl an Farben lassen sich tolle Effekte erzielen. Drücken Sie beispielsweise den Stift unterschiedlich stark auf und spielen Sie mit der Farbwirkung.

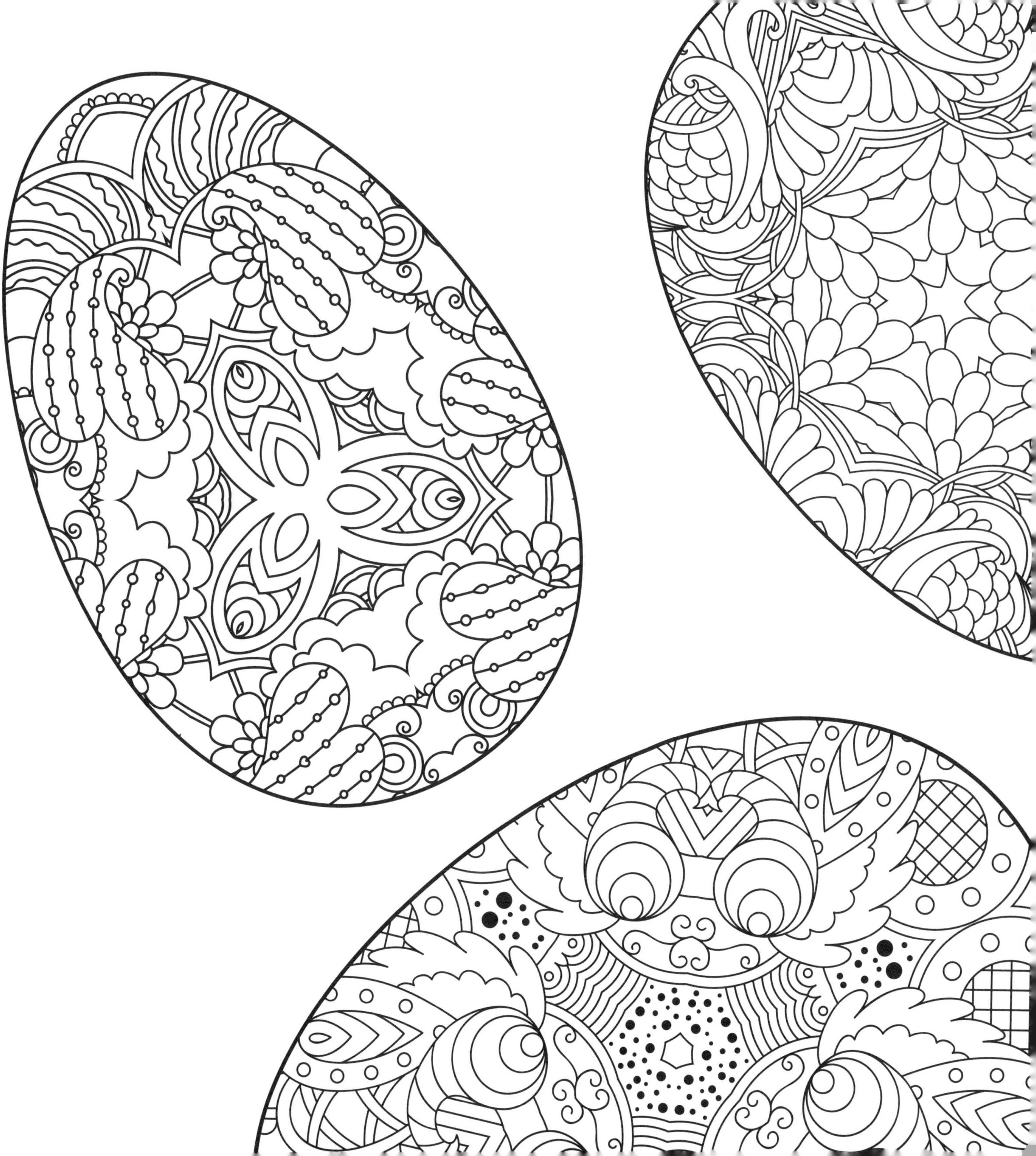

Ergänzen Sie die Flügel des Schmetterlings nach Belieben durch individuelle Muster.

Lassen Sie sich von den Farben des Frühlings leiten.

Diese Doppelseite bietet viel freie Fläche für Ihre Kreativität. Lassen Sie sich inspirieren.

Alles hat seine Zeit: Winter und Sommer, Herbst und Frühling, Jugend und Alter, Wirken und Ruhe.
– Johann Gottfried von Herder

Auch mit Kreisen oder Spiralen lassen sich die Blätter füllen. Experimentieren Sie mit verschiedensten Mustern.

Einen Moment lang die Augen schließen, durchatmen und alle Sorgen hinter sich lassen.

Gestalten Sie die Doppelseite nach Lust und Laune weiter und fügen Sie noch weitere Ostereier hinzu.

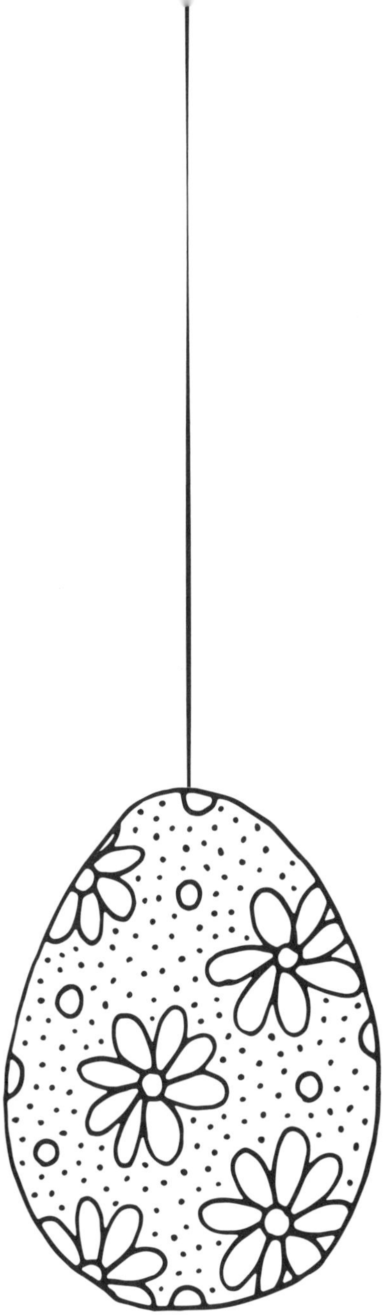

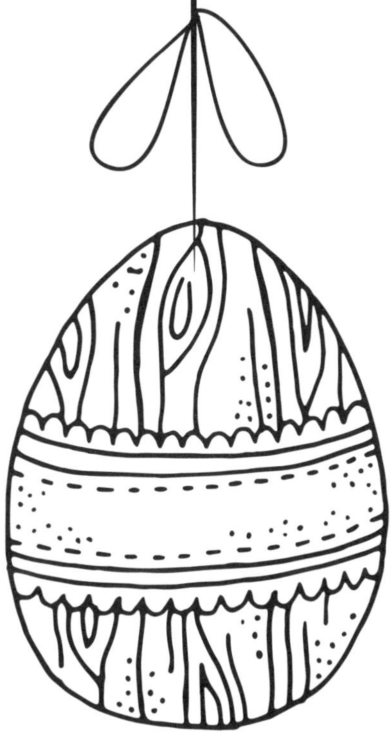

Rausgehen, neue Wege einschlagen und Schönes entdecken.

Naturgetreue Farbgebung oder kunterbunt?
Die Zeichnungen bieten Ihnen jeden Freiraum.

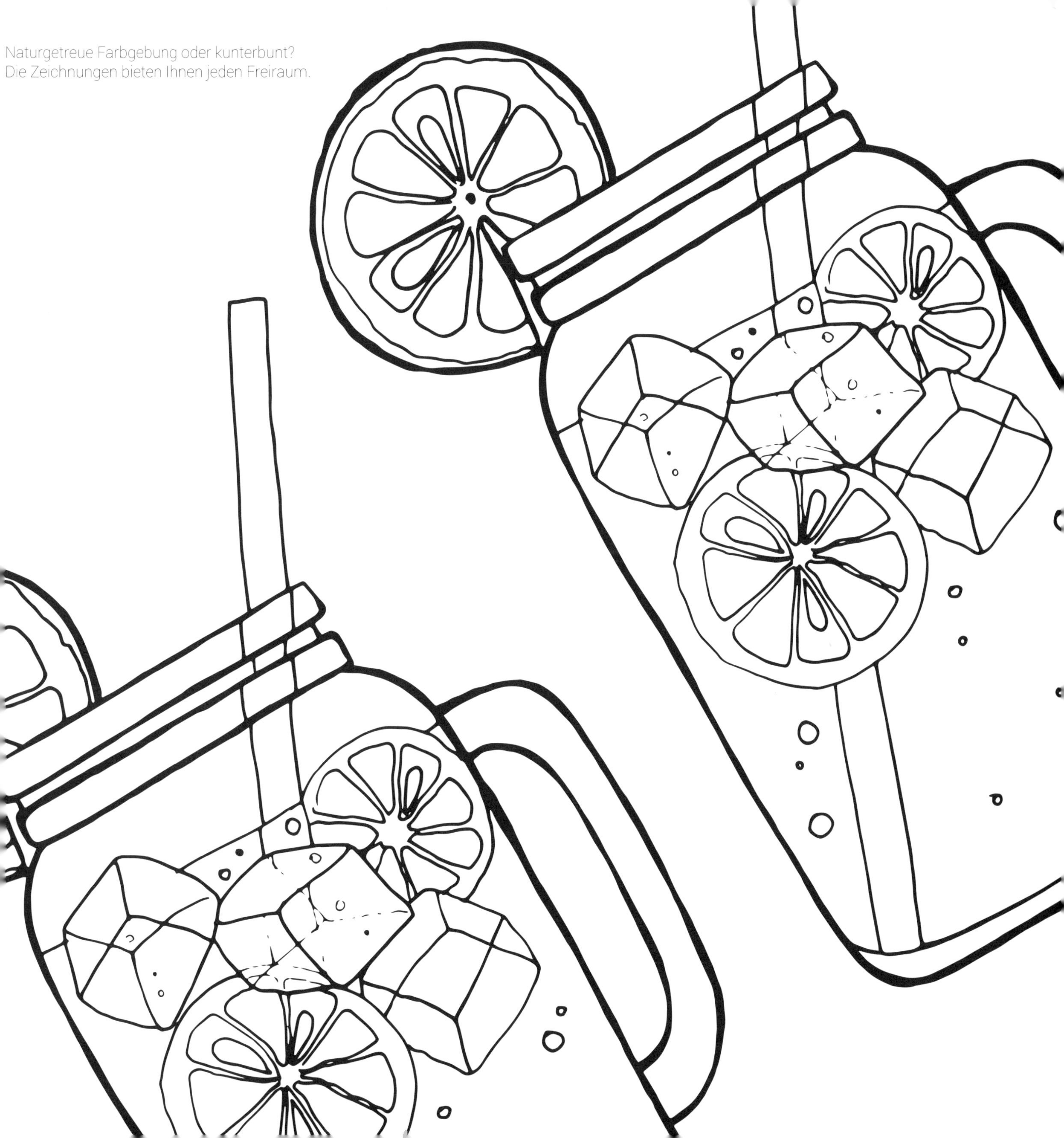

Ergänzen Sie diese Seite nach Belieben um weitere Blüten und Früchte.

Die geschwungenen Linien lassen sich harmonisch miteinander verbinden. Probieren Sie frei aus.

Freude ist die Gesundheit der Seele.
– Aristoteles

Richten Sie Ihre Aufmerksamkeit nur auf den Stift, der den Konturen folgt.

Führen Sie die Muster der linken Seite fort und geben Sie dem Papagei eine schmuckvolle Umrahmung.

In die Farben des Sommers eintauchen.

Spüren, wie der warme Sand unter den Füßen nachgibt.

Gestalten Sie die zweite Ananas möglichst ähnlich der ersten oder erschaffen Sie gänzlich neue Muster.

Kunst gibt nicht das Sichtbare wieder, sondern Kunst macht sichtbar.
– Paul Klee

So unterschiedlich die beiden Motive, so harmonisch lässt sich durch die gleiche Farbwahl ein stimmiges Gesamtbild erzielen.

Kleinigkeiten machen die Summe des Lebens aus.
– Charles Dickens

Verleihen Sie jedem Eis ein einzigartiges Merkmal.

Um Wunder zu erleben, muss man an sie glauben.
– Carl Ludwig Schleich

Bei einem Spaziergang den Geräuschen der Natur lauschen.

Auch während der Hektik des Alltags kurz innehalten und eine klare Sicht bewahren.

Die gleiche Farbe kann auf unterschiedlich großen Flächen eine gänzlich andere Wirkung erzielen. Probieren Sie es bei diesen Motiven einmal aus.

Andere erkennen ist weise. Sich selbst erkennen ist Erleuchtung.
– Laotse

Fügen Sie noch weitere
Formen hinzu und füllen
Sie so die ganze Seite.

Mit jedem Schritt das Laub zum Rascheln bringen.

Die Zeit ist nur der Fluss, in dem ich angle.
– Henry David Thoreau

Mit Braun- und Rottönen verleihen Sie dieser Doppelseite eine herbstliche Stimmung.

Nach draußen gehen und den Tag nutzen.

Nach oben sehen und die Blätter beim Tanz im Wind beobachten.

Die Dinge einmal näher betrachten und dabei Neues entdecken.

Die Hochzeit der Seele mit der Natur macht den Verstand fruchtbar und erzeugt die Fantasie.
– Henry David Thoreau

Jedes Fundstück erzählt seine ganz eigene Geschichte.

Ergänzen Sie die leeren Regentropfen mit persönlichen Mustern.

Jede Kleinigkeit zählt und kann eine große Veränderung bewirken.

ese Doppelseite bietet detailreiche Motive.
eben Sie die kleinen Flächen mit den unter-
chiedlichsten Farben voneinander ab.

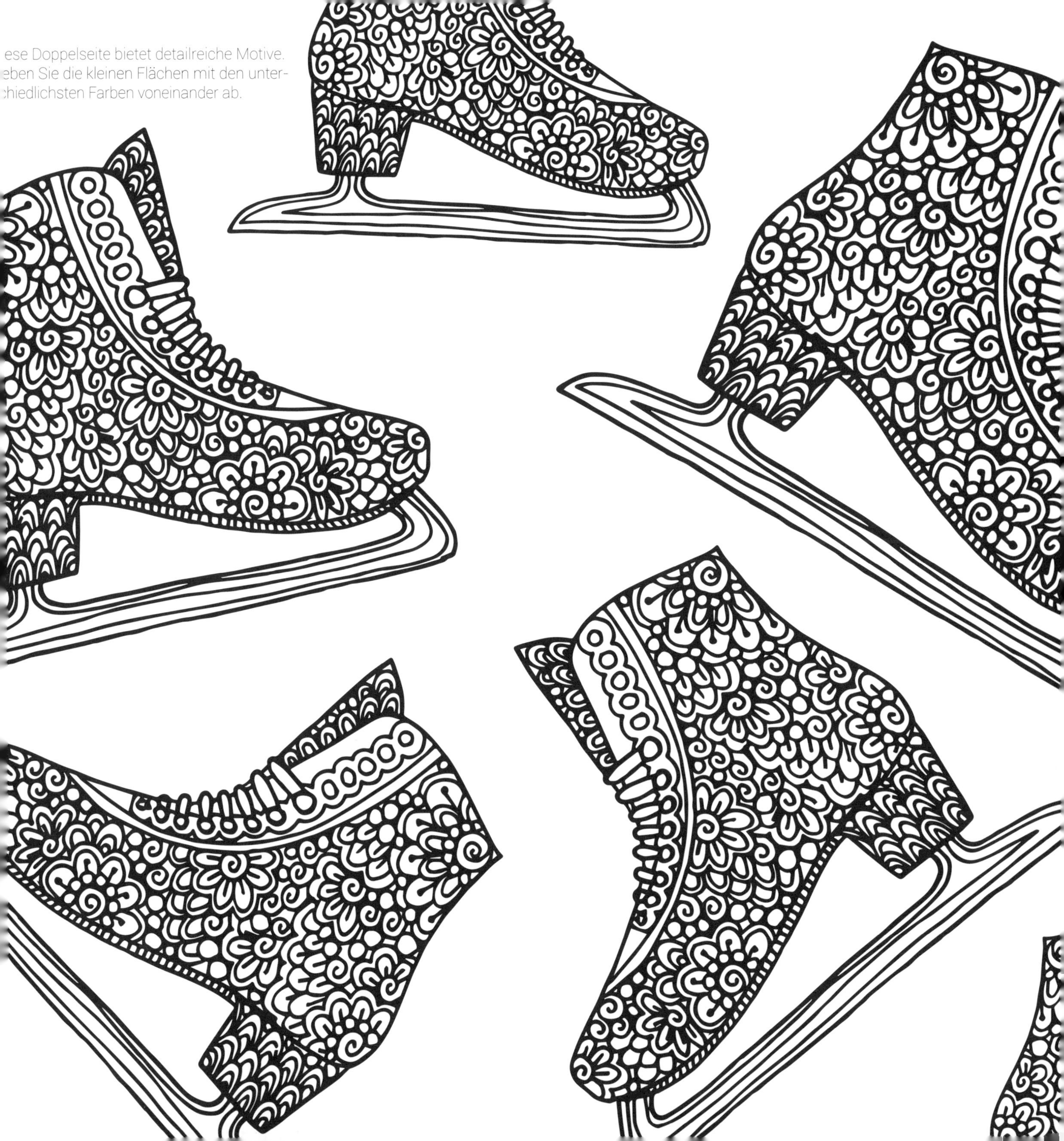

Ein natürlich grüner Tannenwald oder bunt geschmückte Bäume? Entscheiden Sie mit Ihrer Farbwahl.

Gemütliche Stunden genießen und Zeit für sich einplanen.

Sich selbst zu überraschen ist, was das Leben lebenswert macht.
– Oscar Wilde

Lassen Sie Ihrer Fantasie freien Lauf und gestalten Sie die Kleidungsstücke nach Ihrem ganz eigenen Geschmack.

Mit jeder Farbe, die Sie in das Bild hineintragen, lassen sich neue Elemente entdecken.

Das Fördern jedes Unternehmens beginnt in der Fantasie.
– Prentice Mulford

Diese Doppelseite lässt sich durch weitere weihnachtliche Motive ergänzen. Lassen Sie sich inspirieren.

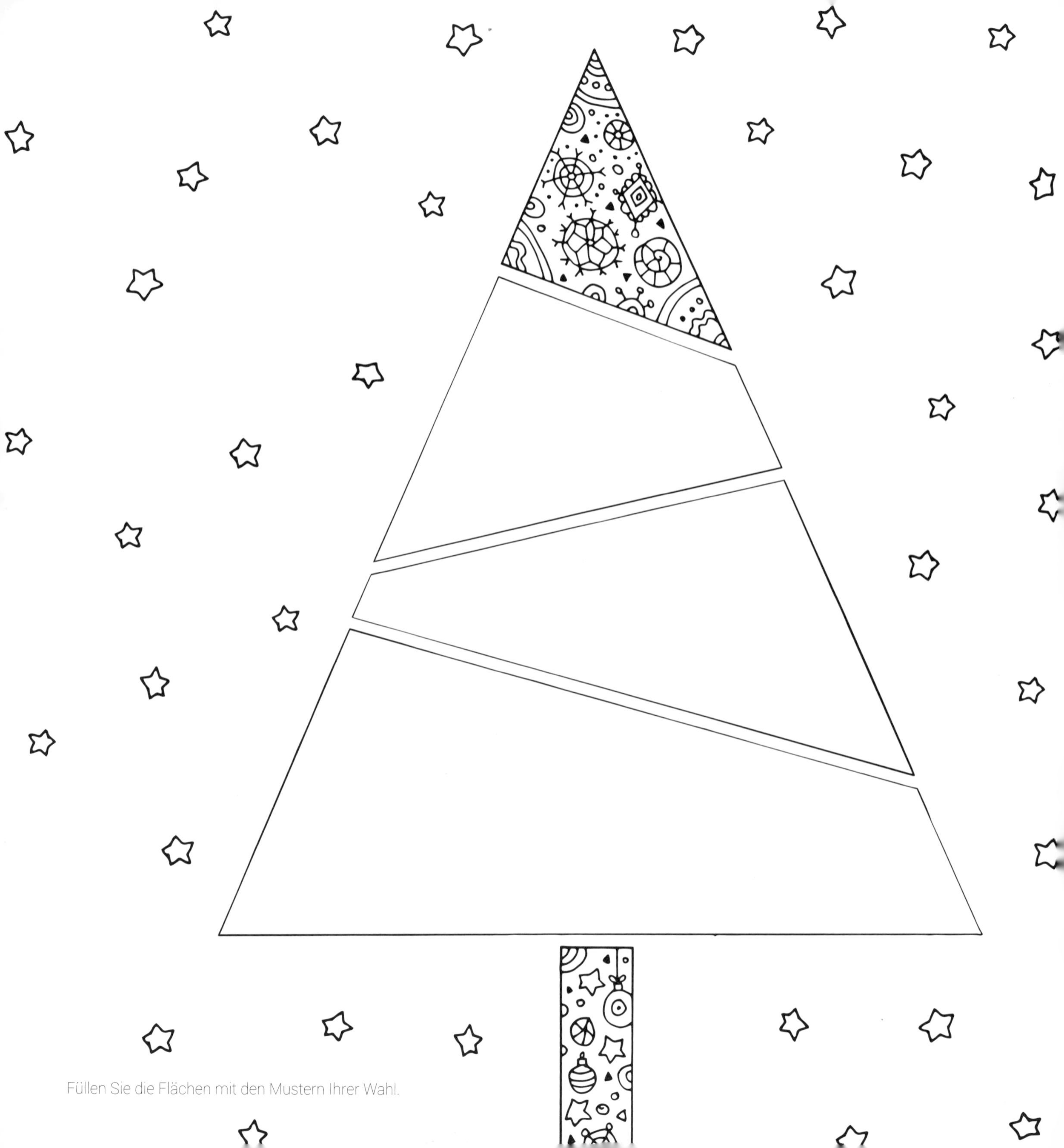

Füllen Sie die Flächen mit den Mustern Ihrer Wahl.

Du brauchst nur zu lieben und alles ist Freude.
– Leo Tolstoi

Konzentrieren Sie sich auf kleinste Details und bringen Sie Farbe in die Zeichnungen.

Selbstvertrauen ist das erste Geheimnis des Erfolges.
– Ralph Waldo Emerson

Wenn etwas kleiner ist als das Große, so ist es darum noch lange nicht unbedeutend.
– Seneca

Einige Muster wiederholen sich auf dieser Doppelseite. Bringen Sie diese farblich in Einklang.

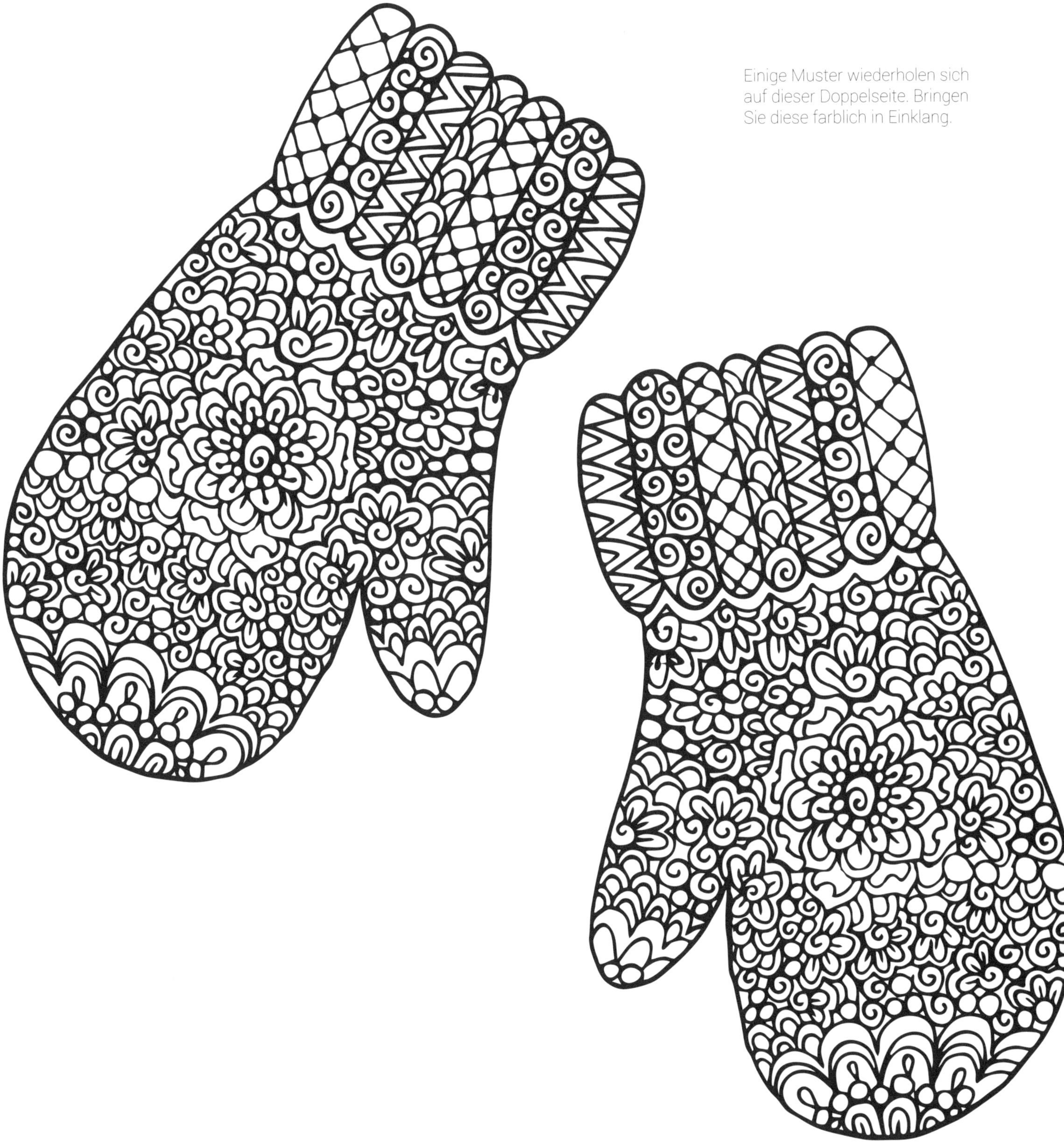

Der echte Name für Glück ist Zufriedenheit.
– Henri-Frédéric Amiel

Auch die Pause gehört zur Musik.
– Stefan Zweig

Bildnachweis:
Umschlag: © Emila/Shutterstock, © oksanka007/Shutterstock, © Helen Lane/Shutterstock, © Nine Homes/Shutterstock, © An Vino/Shutterstock, © mis-Tery/Shutterstock;
S. 1: © Nine Homes/Shutterstock; S. 2–3: © Emila/Shutterstock, © Julia Snegireva/Shutterstock, © Jiaart/Shutterstock, © Seamartini Graphics/Shutterstock; S. 4–5: © GarryKillian/Shutterstock; S. 6: © Helen Lane/Shutterstock; S. 7: © oksanka007/Shutterstock; S. 8–9: © Julia Snegireva/Shutterstock; S. 10–11: © Fears/Shutterstock; S. 12–13: © mis-Tery/Shutterstock; S. 14–15: © Jiaart/Shutterstock, © Nine Homes/Shutterstock; S. 16: © Yudina Anna/Shutterstock; S. 17: © Ramunas M/Shutterstock; S. 18–19: © Havroshechka/Shutterstock; S. 20–21: © An Vino/Shutterstock; S. 22–23: © Imagepluss/Shutterstock; S. 24–25: © Incomible/Shutterstock; S. 26: © abdrashitova svetlana/Shutterstock; S. 27: © Naniti/Shutterstock; S. 28: © Sablegear/Shutterstock; S. 29: © Helen Lane/Shutterstock; S. 30–31: © PinkPueblo/Shutterstock; S. 32: © Avisnana/Shutterstock; S. 33: © Barsukov Vladimir/Shutterstock; S. 34–35: © IrinaKrivoruchko/Shutterstock; S. 36: © lenkis_art/Shutterstock; S. 37: © Julia Snegireva/Shutterstock; S. 38–41: © Emila/Shutterstock; S. 42: © Smiling/Shutterstock; S. 43: © Roman Poljak/Shutterstock; S. 44–45: © Nataliia Machula/Shutterstock; S. 46–47: © Texturis/Shutterstock; S. 48: © daniana/Shutterstock; S. 49: © Nadezhda Molkentin/Shutterstock; S. 50–51: © oksanka007/Shutterstock; S. 52: © Nadezhda Molkentin/Shutterstock; S. 53: © Zelena/Shutterstock; S. 54–55: © photo-nuke/Shutterstock; S. 56: © Zelena/Shutterstock; S. 57: © ratufa/Shutterstock; S. 58–59: © Nadydy/Shutterstock; S. 60: © Galina Shpak/Shutterstock; S. 61: © Boosinka/Shutterstock; S. 62: © Geliostrk/Shutterstock; S. 63: © Palomita/Shutterstock; S. 64–65: © photo-nuke/Shutterstock; S. 66: © Helen Lane/Shutterstock; S. 67: © Kochkanyan Juliya/Shutterstock; S. 68–69: © Marina Demidova/Shutterstock; S. 70: © Arsenika/Shutterstock; S. 71: © oksanka007/Shutterstock; S. 72–73: © Memoru/Shutterstock; S. 74: © ImHope/Shutterstock; S. 75: © Nilmerg/Shutterstock; S. 76–77: © Roman Poljak/Shutterstock; S. 78: © Any-Rama/Shutterstock; S. 79: © Victor Z/Shutterstock; S. 80: © Helen Lane/Shutterstock; S. 81: © mis-Tery/Shutterstock; S. 82–83: © Zelena/Shutterstock; S 84: © mamita/Shutterstock; S. 85: © Helen Lane/Shutterstock; S. 86–87: © Nadezhda Molkentin/Shutterstock, © panki/Shutterstock; S. 88–89: © Zelena/Shutterstock; S. 90: © Emila/Shutterstock; S. 91: © Zelena/Shutterstock; S. 92–93: © IrinaKrivoruchko/Shutterstock; S. 94–95: © YAZZIK/Shutterstock; S. 96–97: © abdrashitova svetlana/Shutterstock; S. 98–99: © An Vino/Shutterstock; S. 100–103: © Galina Bybkina/Shutterstock; S. 104–105: © Seamartini Graphics/Shutterstock; S. 106: © Ramunas M/Shutterstock; S. 107: © IrinaKrivoruchko/Shutterstock; S. 108–109: © Anna Paff/Shutterstock; S. 110–111: © Anastasiia M/Shutterstock; S. 112–113: © Ramunas M/Shutterstock; S. 114–115: © OlichO/Shutterstock; S. 116: © Zelena/Shutterstock; S. 117: © Nataliia Machula/Shutterstock; S. 118–119: © lesia-kabakova/Shutterstock; S. 120–121: © oksanka007/Shutterstock; S. 122–123: © Zelena/Shutterstock; S. 124–125: © Nadezhda Molkentin/Shutterstock; S. 126: © Bimbim/Shutterstock; S. 127: © Cat_arch_angel/Shutterstock; S. 128: © Nataliia Machula/Shutterstock.